CATALOGUE

DES

OUVRAGES IMPRIMÉS

DE LA

BIBLIOTHÈQUE MUNICIPALE

DE METZ

TROISIÈME FASCICULE

METZ

IMPRIMERIE DE F. VERRONNAIS, RUE DES JARDINS, 11.

1880

CATALOGUE

DES

OUVRAGES IMPRIMÉS RELATIFS A L'HISTOIRE DE METZ

ET DU PAYS—MESSIN

SECTION III.

Histoire religieuse *.

506. Abbés de Gorze (Première note pouvant servir à la rectification de la liste dés.....) par Raymond Dupriez.

Thionville, Charier, 1879. In-8.

507. Apologie pour le révérend père Dom Pulchrone Lavignon, abbé de St-Avold, Ordre de St-Benoist, et autres Religieux du même Ordre, en la Congrégation de Lorraine, contre le crime de faux à eux calomnieusement imposé.....

A Lion *(sic)*, chez Guillaume des Aulnes, 1630. In-8.

---

* Pour l'histoire religieuse, on pourra consulter aussi les ouvrages indiqués au 1er Fascicule, aux Nos 52, 53, 54, 88, 89, 90 et suivants, jusqu'à 106 inclusivement, puis 124, 125, 168, 169, 178, 179, 180, 181, 212, 213, 231.

14

508. Association pour l'observation du repos du Dimanche dans la Ville de Metz. Etat général du personnel et Compte rendu de la Séance générale du 11 Déc. 1853.

Metz, Pallez-Rousseau, 1854. Suivi du Compte-rendu de la Séance générale du 12 Déc. 1852. In-12.

509. Association pour l'observ. des Dim.... etc.... Compte rendu de la Séance du 12 Déc. 1852.

Metz, Pallez et Rousseau, 1853. In-8.

510. Association de la propagation de la foi. Comité diocésain de Metz. Tableau des recettes de l'œuvre de la propagation de la foi, dans le diocèse de Metz pendant l'année 1860.

Metz, Rousseau-Pallez. In-8.

511. Breve liturgicum diocœsis Metensis...... *titre changé postér. en :* Ordo divini officii recitandi Missœque celebrandæ juxta ritum sanctæ romanæ ecclesiæ *(avec un Etat du diocèse de Metz).*

Metz, imp. successiv^t chez Collignon, Pallez-Rousseau, Didion. Série de vol. in-18 paraissant chaque année. La collection que possède la biblioth. remonte à 1804.

512. Breviarium Metense....... J. de Montmorency-Laval...

Metz, Collignon, 1778. 4 vol. in-8.

512 *bis*. Breviarium Metense Eminentissimi et Reverendissimi in Christo patris D.D. Ludovici-Josephi

S. R. E. Cardinalis de Montmorency-Laval Episcopi
metensis S. R. I. Auctoritate editum : necnon illus-
trissimi ac reverendissimi in Christo patris D.D.
Pauli-Georgii-Mariæ Du Pont des Loges Metensis
episcopi auctoritate ac Venerabilis ejusdem Ecclesiæ
Capituli Consensu denuo typis mandatum.

Metis, ex typis Dembour et Gangel, 1840, 5 vol. in-8.

513. Bulle de N. S. P. le pape pour le Jubilé universel
de l'année Sainte, et mandement de Mgr l'évêque
de Metz avec les instructions et les prières imprimées par son ordre.

Metz, Collignon, 1826. In-8.

514. Caractère et signification de quatre pièces li-
turgiques composées à Metz en latin et en grec au
IXe siècle, par M. Auguste Prost, membre de l'Académie de Metz.......

Paris, 1877. 1 vol. in-8 (extr. des *Mém. de la Société des
Antiquaires de France*).

515. Cardinalium virtutum Chorus Eminentissimo
Cardinali de la Valette Ordinato Agmine occurrit.....
Offert humillime P. N. Meurisse Madaurensis epi-
scopus.....

Metis, apud Joannem Antonium M DC.XXXV. 1 vol. in-fol.

516. Collégiale Saint-Etienne de Hombourg-l'Evêque
(Charte de fondation de la), par Raymond Dupriez.

Metz, Thomas, 1879. Br. in-12.

517. Cérémonial à l'usage de l'Abbaye royale de Sainte-Glossinde de Metz.

Paris, J.-B. Ballard, 1739. 1 vol. in-4.

518. Le Ciel. — Confér. instit. par l'Acad. impér. de Metz, par B. Faivre.

Metz, Rousseau-Pallez, 1866. In-8.

518 *bis.* Conférence sur le Ciel, — Lettre à M. l'abbé Braye (par M. Faivre).

Metz, Etienne, autog., 1866. In-8.

519. Chapitre de la Cathédrale de Metz. Réponse * du réfléchisseur patriote à l'examinateur impartial.

S. l. n. d. ni nom d'imp. In-8.

519 *bis.* Chapitre de la Cath. de Metz. Réponse à l'examen des réflexions ** d'un patriote sur le Mémoire du Chapitre de la Cath. de Metz, au Roi.

S. l. n. d. n. n. d'imp. In-8.

520. Chroniques et descript. du lieu de la naissance à Lay-Saint-Christophe de Saint-Arnou *(sic)*, Evêque de Metz, duc d'Aquitaine et d'Austrasie, tige des IIe et IIIe races des rois de France......., par Jean Cayon, Inspecteur-Corresp^t du ministère de l'intérieur.

Nancy, Cayon-Liébault, 1856. 1 vol. in-fol. avec figures.

---

* Voir 536 et 536 bis.
** Voir 536 et 536 bis.

521. Circulaire de Mgr l'Evêque de Metz à MM. les
Curés..... de son diocèse (6 nov. 1810).

> Paris, 1810. In-8.

521 *bis*. Circulaire de Mgr l'Evêque de Metz à MM. les
Archiprêtres, Curés..... de son diocèse.

> Metz, 19 février 1825. In-8.

522. Codex Selectorum Canonum Ecclesiæ Metensis
quos observari mandavit D. de Coislin episcop.
1699.

> Metis, Brice Antoine, 1699. In-8.

523. Conférence * de Metz entre un Juif, un
Protestant et deux Docteurs de Sorbonne.

> Leyde, 1750. In-8.

524. Discours prononcé à l'occasion de l'installation
de Mgr G.-J.-A.-J. Jauffret sur le Siége épiscopal
de Metz, le 29 janvier 1807.

> Metz, Verronnais, 1807. In-4.

525. Eloge funèbre de M. Jacquemin, curé de Mézières,
Provicaire de Mgr l'Evêque de Metz..... décédé
le 25 Mai 1813..... par M. l'abbé Delvincourt.....

> Charleville, Raucourt, s. d. In-8.

---

* Par le P. C. F. Houbigant.

526. Etude sur le pallium et le titre d'Archevèque, jadis portés par les évêques de Metz, par Charles Abel, ancien avocat, docteur en droit... etc... Metz, Rousseau-Pallez, 1867.

Broch. in-8 (extr. des *Mémoires de la Société d'histoire et d'archéologie de la Moselle*).

527. Extrait du discours prononcé dans l'Eglise Cathédrale de Metz, par Mgr Verrolles, évêque de Colomby, le 22 février 1846.

Metz, Dembour et Gangel. In-8.

528. Graduale Metense ad usum parochialium.

Metis, J.-B. Collignon, 1779. av. suppl. 1 vol. in-12.

528 *bis.* Graduel et Vesperal de Metz, avec les psaumes de la Semaine et des principales fêtes de l'année.

4 vol. gr. in-fol., imprimés avec des Caractères à jour, par le Sieur Noël Muleur, Chantre-Marguillier de la paroisse Saint-Marcel en 1779, 1780, 1781.

528 *ter.* Heures contenant l'Office de l'Église avec des Prières et des Instructions tirées de l'Écriture Sainte et des Saints Pères, imprimées par l'ordre de Monseigneur l'Illustrissime et Révérendissime Évêque de Metz. Quatrième édition.

A Metz, chez Brice Antoine, 1709. 1 vol. petit in-4.

529. Histoire d'un interrègne à Metz, 1652-1669, par le P. Bach.

Metz, Rousseau-Pallez, 1868. In-8 (extr. des *Mém. de la Société d'Histoire et d'Archéol. de la Moselle*).

530. Immaculée Conception (l') à Metz, par Ch. Abel, avocat.

Metz, Rousseau-Pallez, 1857 (extr. de la *Revue d'Austrasie*). Br. in-8.

531. Lettre circulaire de Mgr l'Evêque de Metz..... à l'occasion de la mort de M. l'abbé Dudot (6 Mars 1834).

Metz, Collignon, in-8.

532. Lettres patentes d'Henry le Grand d'hevrevse Mémoire et du Roi regnant confirmants les privileges du Clergé de Metz tant pour la collatio des benefices que pour leurs exemptions de logemens et juridiction en leurs terres et Seigneuries et personnes qui leur sont sujectes (Octobre 1610).

Br. petit in-8 s. l. n. d.

533. Lettre pastorale de Monseigneur l'Évêque pour le saint temps du Carême 1822 , — Sur la Morale de l'Evangile.

Metz, Collignon. Br. in-8.

534. Mandement de Mgr l'Evesque *(de Coislin)*, — du 30 Juin 1730.

Metz, Vve Brice Antoine, 1730. In-4.

535. Mandement de Monseigneur l'Evêque nommé de Metz pour le Carême de 1813.

A Metz, chez Collignon, in-4.

536. Mémoire du Chapitre de la Cathédrale de Metz au Roi.

Metz, Collignon, 1789. In-8. *Brochure réunie à la suivante:*

536 *bis.* Quelques réflexions * d'un patriote sur une brochure intitulée : Mémoire du Chapitre de la Cath. de Metz au Roi.

Seconde édition, s. l. n. d. In-8.

537. Missæ pro defunctis excerptæ ex novo missali.

Metz, Collignon, 1780. In-fol.

538. Missale Metense.... L.-J. de Montmorency-Laval episcopi Metensis.

Metis, J.-B. Collignon, 1778. In-fol.

538 *bis.* Missale secundum usum ecclesiæ Metensis.

Metis, Abr. Fabert, 1597. Fol., parch.

539. Notions doctrinales et pratiques sur la dévotion au Sacré-Cœur de Jésus..... par un père de la Comp. de Jésus.

Metz, Nouvian, 1868. In-8.

540. Notice historique sur Mgr J.-F. Besson, évêque de Metz.

Metz, Collignon et Pallez-Rousseau, 1842. In-8. *Broch. réunie aux suivantes :*

------

* Voir 519 et 519 bis.

540 *bis.* Notice sur Mgr Besson, évêque de Metz, extraite des journaux du dép. de la Moselle.

Metz, Collignon, 1842. In-16.

540 *ter.* Oraison funèbre de Mgr J.-F. Besson, évêque de Metz..... par l'abbé Rollin, Chanoine de Metz.

Metz, Collignon, 1842. In-8.

540 *quater.* Lob und trauer-Rede auf den hochwür-digsten Herrn Jacob-Franz Besson, Bischoff von Metz.

Metz, Collignon, 1842. In-8, avec portrait lith.

541. Officium defunctorum cum exequiis juxta ritum Metensis diœcœsis.

Metis, J.-B. Collignon, 1779. In-4 cart.

541 *bis.* Office de Sainte-Ségolène, Veuve. Titre de départ.

A Metz, chez Pierret. In-12.

542. Oraison funèbre d'illustrissime et révérendissime Seigneur Messire George d'Aubusson de la Feuillade, archevesque d'Ambrun, Evesque de Metz..... par Me François Le Fèvre, Docteur en théologie, Curé de la Ville de Vic.....

Metz, Brice Antoine, 1697. Petit in-4.

542 *bis.* Oraison funèbre de M. de Coislin du Cambout, Evêque de Metz. (Fait partie d'un recueil factice

15

commençant par un article intitulé : *Arrêts contre
les Jésuites.*)

Recueil factice, Imprimeurs divers. In-4.

543. Origine apostolique (de l') de l'église de Metz,
par l'abbé Chaussier.

Metz, Dembour et Gangel, 1847. 1 br. in-12.

543 *bis*. Ordonnances, Mandements, Instructions pas-
torales.... et autres pièces relatives au Clergé de
Metz, de 1764 à 1845.

Recueil factice in-4. Imp. divers.

544. Prière des processions qui se font à Metz, pendant les trois jours des Rogations, en latin et en
français.

Metz, Vve et fils de Brice Antoine. In-8.

545. Prières pour le matin et le soir et pendant la
Sainte Messe..... à l'usage des demoiselles pen-
sionnaires et des écolières externes des religieuses
Ursulines de Metz. Nouvelle édition.

Metz, J.-B. Collignon, 1786. In-12.

546. Premier entretien ou dialogue entre un Docteur
appelant de la Constitution Unigenitus et un Ba-
chelier en théologie sur le refus que les Catholiques
de la Ville de Metz font de communiquer avec ceux
qui ont appelé de ladite Constitution au futur
Concile général.

1720. Br. in-12.

547. Recueil de factums , de mémoires et requêtes des Dominicains à l'effet de reprendre la maison de Saint-Arnould qui leur appartient — et réponse des Bénédictins.

Impr. divers. Recueil factice. In-4.

548. Recueil de factums, mémoires sur l'état de la Ville de Metz et les droits de ses évêques avant le retour des Trois-Évêchés à la Couronne....... Requête pour les Avocats du parlement de Metz.

Imprimeurs divers, 3e et 4e vol. in-fol.

548 *bis*. Recueil factice des mandemens des Evêques de Metz, depuis la fin du Siècle dernier jusqu'à l'année 1843.

Imprimeurs divers, 2 vol. in-4.

549. Recueil des prières qui se chantent aux processions qui se font dans la Ville de Metz pendant les trois jours des rogations.

Metz, Antoine. In-12.

550. Relation de la Cérémonie faite pour la dédicace de la place de Coislin.

Metz, Vve Brice Antoine, 1731. Petit in-4.

551. Relation des Cérémonies faites au Service Solennel de feu... Mgr Henri-Charles du Cambout, Duc de Coislin, Pair de France, Evêque de Metz, célébré dans l'Egl. Cathédrale le 27 février 1733.

Metz, Vve Brice Antoine, 1733. Petit in-4 cart.

552. Relation de la guérison d'une malade en prière devant le Très-Saint-Sacrement, le troisième jour de l'Adoration perp. dans l'Eglise St-Martin de Metz. — 14 juin 1865 — par le Curé de la Paroisse (Verdenal).

Metz, Rousseau-Pallez, 1865. In-8.

553. Relation de la fête célébrée à Metz le 30 juin 1868, à l'occas. du 25ᵉ annivers. de la Consécration épisc. de Mgr Paul-Georges-Marie Du Pont-des-Loges, Evêque de Metz.

Metz, Pallez-Rousseau, 1868. In-8.

554. Rituale metense.

Metis, typis Brixii Antoine, 1713. 1 vol. in-4.

555. Statuta Synodi diocesanœ Metensis a D. Martino Meurisse Suffraganeo Metensi habitæ 1633; — item : Acta Synodi Metensis a D. Georgio d'Aubusson 1674 et 1679; — item : Codex Canonum ecclesiæ Metensis a Du Cambout de Coislin, anno 1699.

Imp. divers. Recueil factice in-12.

556. Statuts et règlemens de l'abbaye et insigne église collégiale, royale et séculière de Saint-Louis de Metz.

A Paris, de l'Imprimerie de P. Alex. Le Prieur, imprimeur du Roi. M. DCC. LXVII. 1 vol. in-8.

557. Traduction de quelques Offices nouveaux à l'usage des dames de Sainte-Glossinde.

1740. Sans nom de lieu ni d'imprimeur. 1 vol. in-4.

558. Graduale Metense ad usum ecclesiarum parochialum.

Metis, J.-B. Collignon, 1779. 2 vol. in-12.

559. Protestantisme. — Ephémérides des martyrs protestants * offertes en souvenir du 3e Jubilé de l'église réformée de France célébré le 29 Mai 1859..... par Othon Cuvier pasteur, à Metz.

Metz, Blanc 1859, br. in-8, jointe à la suivante :

560. Protestantisme. — Persécution de l'église de Metz décrite par le Sr Jean Orly. 2e édition accompagnée de notes par Othon Cuvier, pasteur de cette église.

Paris, Frank, 1860. Br. in-12.

561. Protestantisme. — Pierre Brully, ancien dominicain de Metz, ministre de l'église réformée de Strasbourg, 1539-1545. Etude biog. par Rod. Reuss, conservateur de la biblioth. municip. de Strasbourg.

Strasbourg, Treuttel et Würst, 1879, br. in-8

---

* On pourra consulter sur le protestantisme à Metz : *l'Histoire de la naissance du progrès et de la décadence de l'hérésie dans la ville de Metz...* par Meurisse. Ouvrage inscrit au no 54 du 1er fascicule.

Notice sur Paul Ferry, par Othon Cuvier (*Mém. de l'Acad. de Metz* 1868-99). — Les Mss. 38, 73 et 155 (*Catalogue de M. Clercx*).

562. Protestantisme. — Le procès de Pierre Brully successeur de Calvin..... 1544-1545..... par Charles Paillard.

Paris, Sandoz et Fischbacher, La Haye, Martinus Nyhof, 1878. Br. in-8.

563. Protestantisme. — Ferry, ministre de la prétendue à Metz (l'enfant mort-né de M.) ...... (*Epigrammes en vers*).

A Ste-Menehovlt, chez Bonaventure René et la vevfe Perrette. L'an du Seignevr MDCXXIX. Br. in-4 de 8 pp. faisant partie d'un recueil factice.

564. Protestantisme. — Réfvtation dv Catéchisme dv Sr Pavl Ferry, ministre de la religion prétendve reformée par Jacqves Benigne Bossvet, docteur en Theologie de la faculté de Paris, chanoine et grand archidiacre en l'Eglise Cathédrale de Metz.

A Metz, par Iean Antoine, Imprimeur juré du Roy... etc... 1655. 1 vol. petit in-4.

A l'histoire religieuse de Metz, se rattachent aussi les articles suivants :

Une procession à Metz en 1522 (*Courrier de la Moselle* du 12 Juin 1858).

'Souvenirs Messins des Rogations au vieux temps (*Courr. de la Mos.* du 19 Mai 1857).

Le Dimanche des Palmes à Metz (*Courrier de la Moselle* du 27 Mars 1858).

Bossuet à Metz (*Vœu national* du 21 Sept, 1860).

Israélites de Metz.

565. Dissertation sur cette question : Est-il des moyens de rendre les Juifs plus utiles et plus heureux en France ? Ouvrage couronné par la Société royale des Sciences et des Arts de Metz, par M. Thierry, avocat au Parlement de Nancy.

Paris, Knapen fils, V° Delaguette, 1788. Br. in-8.

566. Apologie des Juifs, en réponse à la question : Est-il des moyens de rendre les Juifs plus heureux et plus utiles en France ? Ouvrage couronné par la Société royale des Arts et des Sciences de Metz, par M. Zalkind-Hourwitz, juif polonais *.

Paris, Gattey, Royer, 1789. Br. in-8.

567. Mémoire particulier pour la Communauté des Juifs établis à Metz, rédigé par Isaac Ber-Bing, l'un des membres de cette communauté.

Sans lieu, ni date. In-8 de 30 pages.

568. Députés réunis des Juifs établis à Metz..... (Adresse présentée à l'Assemblée nationale le 31 Août 1789 par les)... Signée à la page 18 par MM. Louis Wolf et Gaudchaux-Mayer-Cahen, députés de Metz et des Trois-Evêchés.

S. l. n. d. Br. in-8 de 18 pages.

---

* Voir le n° 597.

569. Péage corporel sur les juifs (Edit du Roi portant exemption des droits de).

Metz, Jos. Antoine, 1784. In-4 de 3 pages.

570. Créances des Juifs (Réflexions sur l'application du décret impérial du 17 Mars 1808 concernant les), par Chauffour le Cadet.

Metz, Verronnais. In-4 de 12 pages.

571. Effets volés chez le citoyen Marx-Lévy, marchand demeurant sur la place de Chambre, n° 69, à Metz, du 9 au 10 brumaire an 10.

2 pages in-4.

572. Régénération complète des Juifs de France (Réflexions sur la), par Isaac Beer, membre du Conseil Municipal de Nancy, Député de la Meurthe à l'assemblée des juifs convoqués par décret impérial du 30 Mai 1806.

De l'Imp. de Giguet et Michaut. Br. in-8 de 30 pages.

573. Mémoire pour les Juifs de Lunéville et de Sarreguemines... à Nos Seigneurs de l'Assemblée nationale.

Sans lieu ni date, petit in-8 de 8 pages.

574. Mémoire sur les moyens de hâter la régénération des Juifs de l'Alsace, par Prosper Wittersheim.......

Metz, Imp. de Hadamard, 1825. In-8 de 25 pages.

575. Société d'encouragement des Arts et Métiers parmi les Israélites de Metz. Séance générale 28 Janvier 1827.

Metz, Hadamard, 1827. In-8 de 32 pages.

576. Bouchers israélites demeurant à Metz ; — (Mémoire à M. le Préfet de la Moselle, par Louis Rottembourg, Abraham Lévy.. et... sur les).

Metz, Lamart, Février 1830. Br. in-4 de 26 pag. signée : *Bélot*.

577. Rapport moral et financier sur les opérations de l'administration consistoriale israélite de la circonscription de Metz, présenté par M. Louis Aron Cahen, président du consistoire, dans la séance du 5 décembre 1861.

Metz, imp. Mayer. In-4 de 24 pages.

578. Administration consistoriale israélite de la circonscription de Metz (Rapport moral et financier sur les opérations de l') par M. Louis Aron Caen.

Metz, Mayer, 1861. In-4 de 24 pages.

579. Comité de bienfaisance israélite de Metz. — Cinq pièces consistant en comptes-rendus de recettes et dépenses.

Années 1825 à 1828, 1839 ; — 1860 ; — 1862 ; — 1863. Metz, Imprimeurs divers. 1 feuille in-fol. et 4 feuilles in-4.

580. Comité consist. israélite de bienfaisance de Metz, compte-rendu 1856-60.

Metz, Mayer, 1860. Br. in-8 de 31 pages.

581. Comité de bienfaisance israélite de Metz. — Exposé général des travaux. — Années 1855-56.

Metz, Mayer. Br. in-8 de 16 pages.

582. Quelques réflexions à propos d'une lettre par O. Terquem.

Metz, Mayer Samuel. In-8 de 16 pages.

583. Communication du Consistoire de la circonscription israélite de Metz à ses administrés à propos de la dissolution du comité consistorial de bienfaisance.

Metz, Mayer, 1864. In-8 de 14 pages.

584. Compte rendu de l'hospice israélite de Metz... 1839.

Metz, Mayer Samuel, 1840. Br. in-8 de 12 pages.

585. Commission de liquidation des dettes de l'ancienne communauté juive de Metz. — Circulaire datée du 3 Janvier 1844.

Metz, Mayer Samuel. Br. in-4 de 12 pages.

586. Rôle de répartition pour l'extinction des dettes de l'ancienne communauté des juifs de Metz, 1842.

Metz, Mayer Samuel. In-8 de 32 pages.

587. Sermon sur la tolérance prononcé dans la Synagogue consistoriale de Metz , le 31 Juillet 1841, par M. L. Vogue, élève de l'école centrale rabbinique de France établie à Metz.

Metz, Imp. de J. Mayer Samuel, 1841. In-8 de 28 pages.

588. Vengeance d'Israël (la). Guerre ! Guerre ouverte et à outrance, pour venger les mânes de Rabbi-Israël-Cohen-Hhézir, contre Tsarphati le diffamateur qui l'a outragé dans le Courrier de la Moselle... Guerre déclarée par Moïse-Israel Biding , professeur d'hébreu.... trad¹ de l'hébreu , par L***.

Metz, chez l'auteur et chez A. Lévy ; Paris, chez A. Crehange 1840. In-8 de 74 pages.

589. Orgue et pioutim, appel au simple bon sens sur ces deux questions : L'orgue est-il anti-religieux ? La prose rimée du moyen-âge a-t-elle un caractère de stabilité dans la Synagogue Française ?.... par Gerson-Lévy, membre de l'Académie impériale de Metz , etc.

Metz, Alcan, 1859. In-8 de 174 pages.

590. Inauguration de la Synagogue consistoriale de Metz. — 30 Août 1850.

Metz, Mayer. Br. in-8 de 38 pages, contenant les discours prononcés par les G.-R. Marchand, Ennery et M. Lambert.

591. Discours prononcé à l'inauguration de la nouvelle synagogue de Sarreguemines, le Vendredi 8 Août 1862, par M. Bernheim, rabbin de cette communauté.

Metz, Imp. J. Mayer, 1862. In-8 de 16 pages.

592. Circonscription israélite de Metz. Installation de M. le Grand-Rabbin B. Lipmann, le 4 Septembre 1863.

Metz, Imp. de J. Mayer. In-8 de 23 pages.

593. Guide du posthétomiste... par L. Terquem, docteur en médecine.

Metz, Gerson-Lévy et Alcan, 1843. In-8 de 54 pages.

594. Defensio quœ e lingua gallica in latinam versa ad librum, cui titulus :

Abrégé du procez fait aux juifs de Mets.

Hoc est compendium processus instituti contra Judœos Metis habitantes responsi esse loco protest.

Blanckenburgi typis Henningi Conradi Struvii sereniss : Duc privileg. typogr.

Cahier détaché d'un ouvrage in-4, de la page 47 à la page 78 (envoi de Russie).

595. Arrest de la Cour du parlement de Metz, portant règlement entre les marchands bourgeois de ladite ville d'une part et les Juifs résidens audit lieu, d'autre.....

Metz, Jean Anthoine, 1635 (Petite broch. in-12, insérée dans un recueil factice).

596. Discovrs avx ivfs .de Metz svr la conversion
dv s^r Pavl dv Vallié médecin du Roy en la gar-
nison de Brisach, appelé le Doctevr Pavlvs, fils
ainé de deffunt Isaac Iuif, Medecin celebre dit
le Docteur des Iuifs de Metz. Dedié a Monseignevr
l'Evesqve d'Avgvste, par le R. P. Jean Bedel chanoine
regulier de la congregation de N. Sauueur.

A Metz, par Iean Antoine... 1651. 1 vol. petit in-8 parch.

597. Essai sur la régénération physique, morale et
politique des Juifs. Ouvrage couronné par la Société royale des sciences et des arts de Metz, le
23 Août 1788, par M. Grégoire, curé du diocèse
de Metz, actuellement de la même société. *

A Metz, de l'imprimerie de Claude Lamort, 1789. 1 vol. in-8.

598. Plaidoyers pour Moyse May, Godechaux et
Abraham Lévy juifs de Metz, contre l'hôtel de
Ville de Thionville et le corps des marchands de
cette ville, par P. L. Lacretelle fils.... et autres
plaidoyers.......

Bruxelles, 1875. In-8.

599. Rituel des prières journalières à l'usage des
israélites, traduit de l'hébreu, par J. Anspach.

Metz, Hadamard. 5580. 1 vol. in-8.

---

* Voir les n°s 565, 566 et 572.

600. Recueil des lois, coutumes et usages observés
par les Juifs de Metz.... auquel on joint l'extrait qui en a été fait par feu M. Lançon.

Metz, veuve Antoine, 1786. In-12.

601. Abrégé du procès fait aux Juifs de Mets, avec
trois arrests du Parlement qui les déclarent convaincus de plusieurs crimes, et particulièr^t Raphaël
Levi d'avoir enlevé sur le grand chemin de Mets à
Boulay, un enfant Chrestien âgé de trois ans ; pour
réparation de quoy il a esté brûlé vif le 17 Janvier 1670.

A Paris, chez Frédéric Léonard, 1670. Petit volume in-16
de 96 p.

NOTE. — Sur les Israélites de Metz, on pourra consulter
aussi les Mss. 26, 152 et 169. — A titre d'indication bibliogra-
phique nous mentionnerons aussi l'ouvrage suivant, *bien que
la bibliothèque de la Ville de Metz ne le possède pas :*

Les grandes Cruautés commises par les Juifs de Metz contre
l'Image du Crucifix et la rage abominable qu'ils exercent contre
les Chrétiens, dont l'un nommé Raphaël Lévy a été condamné
par arrêt du Parlement à estre brûlé vif pour avoir enlevé un
enfant chrestien âgé de trois ans, et plusieurs austres arrests
contre lesdits Juifs convaincus de crimes exécrables en dérision
de la religion chrestienne.

A Orléans, par Ch. Paris, devant St-Sauveur (vers 1671). —
In-4º de 12 pages.

Poésie, Belles-Lettres, etc.

602. Mystère de St-Clément (le), publié par Charles Abel, avocat, docteur en droit, membre de l'Ac. de Metz, etc., d'après un manuscrit de la bibliothèque de Metz.

Metz, Rousseau-Pallez, 1761, tiré à 136 exempl. sur papier vergé et 5 de choix, 1 vol. in-4.

603. Girbert de Metz (Fragment de la Chanson de Geste de), publiée par M. A. de Rochambeau.

Paris, Pillet fils aîné, 1867. In-8 de 15 p.

604. Gauthier de Metz (Notice sur l'image du monde, poëme attribué à), par M. le Comte Th. de Puymaigre.

Metz, typ. de Pallez-Rousseau. Br. in-8. 30 p. (ext. de l'*Austrasie*).

605. Moselle (la), idylle d'Ausone, traduite en vers par M. Ch. Charton, chef de division de préf. retraité *.

Épinal, Veuve Gley, 1862. 1 br. in-8.

---

* Il existe d'autres traductions de la Moselle d'Ausone. L'une est due à la plume de M. Théodore des Rives, sous-intendant militaire, et a été publiée dans les *Mém. de l'Acad. de Metz*, année 1852-53, 1re partie, p. 323. — Une autre traduction du même poëme a été faite par Em. Bégin et publiée en 1839 dans l'*Austrasie*. — Enfin, l'abbé Jaubert a donné une traduction complète des Œuvres d'Ausone, en 4 vol. in-12. Elle a paru en 1769 à Paris, chez Delalain.

606. Maître Echevin (le), poëme en quatre chants...
par J.-F. Blanc. — Premier chant (*seulement*).

Metz, avril 1831, S. Lamort. 1 br. in-8.

607. Metz * la pucelle, par Edouard Pesch, typo-
graphe. 2e édition.

Metz, Rousseau-Pallez. 1862. 1 br. in-8.

608. Mosellane sur la distribution des Médailles ac-
cordées par le Roi à l'industrie du départ. de la
Moselle, par Blanc.

Metz, Verronnais, 1829. 1 br. in-8.

609. Ménestrel de la Moselle (le) [*Calendrier*], première année.

Metz, Devilly, 1821. In-8.

610. Poésies sur Metz, par le Colonel Brosset. (*Recueil
factice*).

Metz, Imprimeurs divers, Pierret, Wittersheim, Verronnais,
Mayer.... 2 vol. in-12

611. Panorama de Metz à vol d'oiseau............ par
Edouard Simon, professeur à l'École d'Artillerie.
(*Description en vers de Metz et de ses monuments.*).

Metz, Verronnais, 1861. 1 vol. in-18 de 152 p.

---

* Voir dans les *Mém. de l'Ac. de Metz*, année 1867-68. 1re partie,
p. 259 : Metz, poëme par le baron Carra de Vaux.....

612. Chants populaires recueillis dans le Pays-Messin par le Comte de Puymaigre.

Metz, Rousseau-Pallez. Paris, Didier, 1865. 1 vol. in-12.

613. Chants populaires messins, recueillis dans le Val de Metz en 1877, par Nérée Quépat.

Paris, imp. Jouaust, 1878. 1 vol. in-18.

614. Destin joué (le), Comédie, — sera représentée au Collége de Metz de la Compagnie de Jésus, le 12 de Février 1681, à une heure après midi.

A Metz, chez Pierre Collignon, imprimeur ordinaire du Roy et de ladite Ville.

Broch. in-4 de 11 p. faisant partie d'un recueil factice d'Oraisons funèbres.

615. Baldomir — ou la fête du Solstice d'été à *Divodurum*. — Drame hist. en trois actes et en vers — représenté à l'occasion de la fête patronale du R. P. Jean-Baptiste Stumpf, recteur de Saint-Clément, — à Metz le 24 juin 1866.

Metz, lith. Nouvian, 1866. Br. in-8 de 16 p.

616. Arrivée du Roy à Metz, en Septembre 1828 (Une auberge ou le jour de l') — Comédie en un acte, — par le Comte Bony de la Vergne, anc. capitaine du Génie........

Metz, typ. de Gangel, 1852. Br. in-8 de 59 p.

Oraisons funèbres, Harangues, Conférences.

617. Recueil factice d'Oraisons funèbres et de Harangues prononcées à Metz (Oraison funèbre de Mᵐᵉ la Maréchale de Belle-Isle; — de M. le Comte de Gisors; — de Mgr le Dauphin; — de la Reine de France Marie Leczinska; — Harangue à Mgr le Duc de Belle-Isle, présentée le 20 Juillet 1749, par Delaunay, Maître-ès-Arts....)

Impr. div. Antoine, J. Collignon.... 2 vol. in-4.

618. Conférences littéraires à Metz, au XVIᵉ Siècle. Extrait d'une Ancienne Chronique.

Metz, F. Blanc, 1864. In-4. Édition de luxe.

619. Conférence sur les Conférences de Metz, par Pistor, avocat.

Metz, Blanc, 1866. Br. in-8, 39 p.

Romans, · Récits humoristiques.

620. Robert et Léontine ou la Moselle au XVIᵉ siècle. Orné du plan du Siége de la Ville de Metz et de trois Airs notés, par J.-C.-F. Ladoucette, membre de plusieurs Académies françaises et étrangères. — Seconde édition.

Paris, Dauvin et Fontaine, 1843. 1 vol. in-8.

· Voir le nº 87, page 17 du 1ᵉʳ fascicule : Une Révolution au XVIᵉ siècle, par B. Faivre, — Roman historique messin.

621. Sorcelleries lorraines (les), par A. Pommerel (*Vaillant*).

Metz, Pallez et Rousseau, 1853. Br. in-12 de 59 p.

622. Ancerville (le Château d'), récit messin du XVe siècle, par Victor Vaillant.

Metz, Ch.-A. Carrère, 1876. 1 fort vol. gr. in-8 sur papier de Hollande.

623. Mœurs provinciales. — Ferme et Château. — Un Mariage au Pays messin. — Une Histoire de l'autre monde..... Par Victor Vaillant, réd^r en chef du Vœu national de Metz......

Metz, Rousseau-Pallez, 1864. In-8.

623 *bis*. Plaisyr de Chasse et Gay Desdvit. A très-haulte, noble et sur tous aymable dame Alix baronne de Bettingen, — par E. B.

Imprimé chés Rovsseav Pallez. Metz MDCCCLXI Br. in-4 de 20 pages, tirée à 60 exemplaires.

624. Elzévir (l') de maroquin rouge (*roman messin*), par V. Vaillant.

Metz, Rousseau-Pallez, 1861. 1 vol. in-12.

Instruction Publique.

625. Collége de Metz. — Histoire du premier Collége de Metz, par M. Viansson, membre de l'Acad. de Metz.

Nancy, Réau, 1874. In-8 de 80 p. (Ext. des *Mém. de l'Acad. de Metz*).

626. Ecole centrale de la Moselle. — Programme
général de l'Exercice public des Elèves de l'Ecole
centrale (de Metz).... Vu et approuvé par le Préfet
du départ[t] de la Moselle , le 15 fructidor an IX
(2 septembre 1801).

A Metz, de l'Imprimerie d'Antoine l'aîné (1801). Br. in-4
de 32 p.

627. Lycée de Metz. — Mémoire sur le Lycée de Metz
et les Écoles prépar. instituées dans qqs établissem.
de l'Université, adressé à S. E. M. le Ministre de
l'Instruction publique. (*Ce Mémoire est le travail
d'une Commission dont M. Aug. Prost était
rapporteur.*)

Metz, imp. F. Blanc, 1865. Br. in-4 de 11 p.

628. Lycée. — Distribution des prix du Lycée de
Metz. — Procès-verbaux des solennités. — Discours
prononcés. — Listes des Elèves couronnés. —
1806-1870.

Metz, imprimeurs divers, 1806-70. 8 vol. in-8 (recueil factice
des livrets publiés chaque année).

629. Petit séminaire de Metz. — Distribution solen-
nelle des prix de 1833 à 1869.

Metz, imprimeurs divers, 1833-69. 28 livrets in-8 (Manquent
plusieurs années).

630. Collége Saint-Clément. — Distribution sol. des
prix de 1858 à 1865. —

Metz, Rousseau-Pallez, 1858-65. 8 br. in-8, réunies eu un
recueil factice.

631. Ecole Normale de Metz. Notice par M. Sauer,
Archiviste du département.

Metz, J. Delhalt, Roy et Thomas, 1859. Br. in-12 de 23 p.
(ext. de la *Moselle administr.*).

632. Cours industriels. — Séance d'ouverture de
l'année 1828-1829. — Discours pron. à l'Hôtel-de-
Ville, le 27 Octobre 1828, par Emile Bouchotte,
vice-président de l'Acad. royale de Metz.

Metz, imp. d'E. Hadamard. Petit in-8 de 24 p.

633. Cours industriels de la Ville de Metz. — Notice
sur ces Cours (extraite de la *Moselle administ.*), par
M. Sauer, archiviste du département.

Metz, Dehalt, Roy et Thomas, 1859. Br. in-12 de 41 p.

634. Annuaire des Ecoles municipales de Metz. —
Années 1841, 42, 43, 44, 45 et 46. — Année 1852.

Metz, Lamort, Verronnais. 6 br. in-12.

635. Ecoles municipales (Discours à la distribution
des prix aux Elèves des) — le 18 Août 1865, —
par M. de Bouteiller.

Metz, Maline, 1865. Br. in-8 de 7 p.

636. Ecole centrale des Arts et Manufactures de l'Est.
— Proposition à l'Acad. royale de Metz de con-
courir à la fondation d'une Ecole des Arts et

Manufactures en cette ville. — Rapport lu à l'Académie, dans sa séance du 22 avril 1838. — Em.
Bouchotte, rapporteur.

Metz, autog. de Dupuy, 1838. In-4 de 11 p.

637. Ecole centrale des Arts et Manufactures de l'Est.
— Acte de Société pour la fondation d'une Ecole
centrale des Arts et Manufactures à Metz.

Metz, S. Lamort (1838). Br. in-8 de 23 p.

638. Collége communal de Thionville. — Allocution
adressée par M. Castillon aux élèves... le lundi
10 Août 1868, jour de la distr. des prix...

Thionville, imp. A. Gérard, 1868. In-8 de 13 p.

639. Collége de Sarreguemines. — Allocution prononcée par M. Box, Principal..... à la distr. solenn. des
Prix de 1864-1865.

Sarreguemines, Ant. Weisse, 1865. In-8 de 10 p.

640. Collége de Saint-Avold. Etudes secondaires et
primaires supérieures. Prospectus (*allem. et français*), par le directeur C. Ruault (8 sept. 1857).

Trèves, imp. de Fr. Lintz, 1857. Br. in-8 de 10 p.

641 Académie départementale de la Moselle. — Règlement des Écoles (1er mai 1852), adressé par le
recteur Percin aux Instituteurs.

Metz, imp. de Dieu et Maline, 1852. In-12 de 23 p.

642. Comité de l'arrondissement de Metz pour l'enseignement primaire. — Règlement pour les écoles
primaires élémentaires.

Metz, imp. de Ch. Dosquet, 1835. Br. in-4 de 14 p.

643. Académie de la Moselle. — Rapport d'un délégué
cantonal sur l'instruction morale et religieuse des
Écoles prim. de sa circonscription, — Thionville,
7 juin 1851, — par H. Rolly.

Metz, Dembour et Gangel. In-8 de 11 p.

644. Société pour l'encouragement de l'instruction
élémentaire dans le département de la Moselle. —
Assemblée gén. du 12 Avril 1819.

Metz, Mme Verronnais. In-8 de 23 p.

645. Rapport sur l'état de l'enseignement primaire
dans le dép. de la Meurthe, de la Meuse, de la
Moselle et des Vosges, par M. H. Lezaud, président
à la Cour impér. de Nancy.

Nancy, Veuve Raybois, s. d. In-8 de 24.

646. Circulaire de l'Inspecteur de l'Académie Hanriot,
en date du 21 Sept. 1861.

Mets, imp. Thomas et Roy. In-4, une p.

647. Ecoles de frères. — Lettre pastorale de Mgr
l'Evêque de Metz à l'occasion de la suppression de
deux Ecoles.....

Metz, Collignon, 1841. In-8 de 30 p.

648. Ecoles des frères de la doctrine chrétienne. — Réflexions sur la délibération du Conseil municipal de la Ville de Metz, concernant les frères de la doctrine chrétienne.

Metz, imp. de Collignon, 1840. In-8 de 17 p.

649. Ecoles privées de Metz, tenues par les frères des Ecoles chrétiennes. — Année 1846-1847. — Circulaire du Conseil d'administration du 1er décembre 1846.

Metz, Pallez et Rousseau. In-8 de 10 p.

650. Société pour l'établissement et le soutien d'Ecoles chrétiennes privées. 10 novembre 1841. Rapport et compte-rendu de l'exercice 1840-1841.

Metz, imp. de Dembour et Gangel. In-8 de 8 p.

651. Ecole (l') de Rohrbach. — Arrondissemeut de Sarreguemines.

Metz, S. Lamort, 1853. In-12 de 11 p.

652. Académie de Metz. — Discours prononcé à la séance du 11 mai 1873, par M. Henri Maguin, président. — De l'éducation et de l'instruction publiques.

Nancy, Réau, 1873. In-8.

Archives, Manuscrits, Bibliothèques.

653. Notice sur les Archives de la ville de Metz par
Victor Jacob, bibliothécaire de la ville.

(Extr. des *Mém. de la Société d'Arch. de la Moselle.*)

Metz, Rousseau-Pallez, 1866. Br. in-8 de 24 p.

654. Inventaire sommaire des Archives communales
antérieures à 1790...... depuis 1384 jusqu'à 1788.

1 vol. in-4 de 166 pages, s. l. n. d. *

655. Das Archivwesen in Elsass-Lothringen und der
Organismus des französischen Départemental -
Communal - und Hospital - Archivwesens, — Mit 7
Beilagen, — Von Dr. Heino Pfannenschmid, Bezirks-
Archivar des Ober-Elsass.

Colmar, Lang et Rasch, 1875. 1 vol. in-8.

656. — Description de la bibliothèque de Metz, par
Bégin.

Metz, Verronnais, 1833. Br. in-8 de 27 p.

---

* On pourra consulter aussi les articles suivants :

Archives départementales, — par M. Edouard Sauer, Archiviste de la
préfecture. — (*Moselle administrative*, années 1857, 1858, 1868 et 1869).

*Archives de la Préfecture de la Moselle. — Inventaire détaillé des Ar-
chives départementales antérieures à 1790. — Evêché de Metz. — (Austrasie,*
année 1863 : pages 147, 227, 287, 405, 433, 551.)

Archives de l'Académie de Metz, Rapports par V. Simon (voir les années
1837-38, 1838-39, 1839-40).

657. Notice sur la collection des Manuscrits de la bibliothèque de Metz, par M. Aug. Prost, membre de l'Acad. de Metz, membre résidant de la Société nationale des Antiquaires de France.

Paris, Imp. nationale 1877. 1 vol. in-4 (Extr. du *Cat. gén. des Manusc. des bibl. publiq. des départements.*)

658. Catalogue des Manuscrits de la bibliothèque de Metz *(par M. Jules Quicherat,) — (section du Tome V, du Catal. général des manuscrits des bibliothèques publiques des départements, — comprenant Metz, — Verdun, — Charleville,) —* précédé d'une notice par M. Aug. Prost.

Paris, Imprimerie nationale, 1879. 1 vol. in-4.

659. Catalogue des Manuscrits relatifs à l'Histoire de Metz et de Lorraine, rédigé par M. Clercx, Conservateur.

Metz, Blanc, 1856. 1 vol. in-8.

660. Catalogue des Manuscrits de la bibliothèque de Metz (*Manuscrits autres que ceux relatifs à l'Hist. de Metz*) par Victor Jacob, Conservateur.

Metz, J. Verronnais, 1875. 1 vol. in-8 (*Extr. des Mém. de la Société d'Archéologie de la Moselle*).

661. Manuscrit d'Henri Champlon, curé d'Ottonville (nouvelles recherches sur le), par M. Georges Boulangé, ingénieur des Ponts-et-Chaussées.

Metz, Rousseau-Pallez, s. d. (*Extr. de l'Austrasie*, année 1854, tom. 13). (Dans le même volume, il a paru un autre article, intitulé : Extrait du *manuscrit* d'Henri Champlon, 1635).

Beaux-Arts à Metz.

662. Aperçu sur l'état des arts dans la ville de Metz, aux diverses époques de son histoire, par J.-V. Poncelet, capitaine du Génie, président de la Société des Sciences et Arts de Metz.

Metz, Lamort, 1824. In-8 de 37 p. (Extr. des *Mém. de l'Acad. de Metz*).

663. Souvenirs artistiques du pays Messin.... par E. de Bouteiller, président de l'Académie de Metz.

Metz, Blanc, 1366. In-8 de 26 p.

664. L'Art en Alsace-Lorraine, par René Ménard.

Paris, Ch. Delagrave, 1876. 1 vol. g^d in-8, renf. 17 eaux-fortes; 35 gravures tirées hors texte ; 317 gravures dans le texte ; édition de luxe dorée s. tr.

665. L'Art Chrétien à Metz. — *Le mouvement archi-tectural.* — *L'église Saint-Clément.* — *Vitraux de M. Lusson.* — *Ste Ségolène.* — *Chapelle restaurée.* — *Peinture moyen-âge.* — *Dallage mosellan.* — par M. A. Pommerel (*V. Vaillant*).

Vœu national du 7 Avril 1858.

666. Bilder aus Elsasz-Lothringen, Original Zeich-nungen, von Robert Alsmus, Schielderungen von Karl Stieler..........

Stuttgart, Verlag von Paul Neff (1878). 1 vol. g^d in-8.

667. Musée. — Rapport sur le projet de Musée présenté pour les collections de la ville de Metz, par E. de Bouteiller.

Metz, Blanc, 1864. In-8 de 22 p. (Ext. des *Mém. de l'Ac. de Metz*).

668. Musée de peinture de la ville de Metz (Etude historique et critique sur le), par Em. Michel.

Metz, F. Blanc, 1868. In-8 de 49 p. (Ext. des *M. de l'Ac. de Metz*) (Voir le *Rapport sur l'état de la peinture à Metz...* par M. Faivre, tome 1er de l'*Austrasie*, 1837).

669. Catalogue des pastels de M. Auguste Rolland, donnés au bureau de bienfaisance de Rémilly.

Metz, Blanc. In-8 de 3 p.

670. Catalogue des tableaux des écoles Espagnole, Italienne, Flamande, Hollandaise, Allemande, Française...... du Musée de la ville de Metz [*par M. Bugnet*].

Metz, S. Lamort, 1847. In-12 de 79 p.

671. Catalogue des tableaux.... du Musée de Metz (en 1853) [*par A. Terquem*].

Metz, Lamort, 1853. In-12 de 22 p.

672. Catalogue des tableaux.... du Musée de la ville de Metz (1859).

Metz, Blanc, 1859. In-12 de 24 p.

673. Catalogue des tableaux.... du Musée de la ville de Metz (1863).

Metz, Blanc, 1863. In-12 de 24 p.

674. Catalogues. — Musées de la ville de Metz, Catalogue des tableaux et des sculptures, rédigé par Migette.

Metz, J. Verronnais, 1876. In-12 de 148 p.

675. Expositions. — Rapport sur l'exposition..... provoquée par M. le Vicomte de Suleau.... en 1828..... par Bergery.

Metz, Ch. Dosquet, 1829. In-8.

676. Expositions. — Rapport sur l'exposition départ^{le} de l'Industrie et des Beaux-Arts, ouverte... le 1er Mai 1834..... par M. Faivre, prof. de dessin.

Metz, S. Lamort, 1834. In-8.

677. Expositions. — Revue critique de l'exposition des produits des Arts dans le département de la Moselle en 1834, par Claude Migette.

Metz, Verronnais, 1834. Br. in-12 de 60 pages (Voir tome 1er de l'*Austrasie*, un article sur l'exposition de 1837, p. 240-253).

678. Expositions. — Revue rapide de l'exposition de peinture au Musée de Metz en 1846. — Par un observateur très-peu versé dans la matière (*Colonel Brosset*). — (*Cette revue est en vers libres*).

Metz, Lorette, 1846. In-8 de 23 p.

679. Expositions. — Revue de l'exposition de peinture, par le Courrier de la Moselle. — Mai 1850. — (*par E. Gandar*).

Metz, S. Lamort. In-8 de 46 p.

680. Exposition de peinture et de sculpture de 1858 (Rapport sur l') par Vignotti.

Mém. de l'Ac. de Metz, 1857-58.

681. Expositions. — Société des Amis des Arts de la Moselle, sous le patronage de l'Acad. imp. de Metz. — Exposition de 1865, Catalogue. — (Suivi de celui des expositions de 1867, 1869).

Metz, F. Blanc, 1865. 3 broch. in-12 de 22, 24 et 23 p.

682. Sociétés. — Amis des Arts de la Moselle (Statuts de la Société des), ... fondée en 1834.

Metz, Lamort, 1840. Br. in-8 de 6 p.

683. Statuts de la Société des Amis des Arts de la Moselle, autorisée par arrêté du Ministre de l'intérieur du 25 Avril 1834.

Metz, Impr. F. Blanc, 1865. Br. in-8 de 7 p.

684. Sociétés. — Lettre adressée aux membres de la Société des Amis des Arts, ... concluant à l'organisation d'une Société de l'Union des Arts. — par E. Gandar.

Metz, Lamort, 1850. Br. in-8 de 30 p.

685. Société de l'union des Arts, Statuts (Projet qui sera discuté dans la réunion prép. du 12 Novembre).

Lamort, 1850. In-8 de 10 p.

Suivi de : Société de l'Union des Arts. Première année d'existence. Rapport fait .... le 1er Déc. 1851.

Lamort. In-8 de 24 p.

686. Société de l'Union des Arts. — Exposition d'œuvres d'art ouverte dans les salons de l'Hôtel-de-Ville, le 20 Juin 1852. — Catalogue des ouvrages exposés. (4e tirage. — 15 Juillet).

Metz, Lamort, 1852. In-8 de 22 p.

687. Société des Amis des Arts de la Moselle. — Compte rendu de l'année 1865, par Jules Thilloy, secrétaire et de Bouteiller, président.

Metz, Blanc, 1866. In-8 de 12 p.

688. Verrières * de Notre-Dame de Metz, exécutées par M. Maréchal.

Metz, Nouvian. In-8 de 8 p.

---

* Voir sur le même sujet les articles suivants :
Notice historique sur les *Verrières de Notre-Dame*, par Faivre (*Vœu National* du 15 Août 1858).
L'Œuvre du peintre Verrier Hermann, à la Cathédrale de Metz, par Ch. Abel, brochure inscrite sous le n° 93 du 1er fascicule du présent Catalogue.

689. Mémoire sur un mode d'application de la peinture
à l'huile ou à la cire, dit peinture en feuilles, inventé
par M. Hussenot, de Metz * (breveté s.g.d.g.)

Metz, Alcan. In-8 de 16 p.

690. Sur le Beethoven de M. A. de Lemud, par
M. Em. Michel.

Metz, Blanc, 1865. In-8 de 18 p. (Ext. des *Mém. de l'Acad.
de Metz*).

691. Quelques observations sur l'Ecole municipale de
dessin, par A. Migette.

Metz, Lamort, 1848. In-8 de 16 p.

692. Essai sur l'enseignement du dessin appliqué sur-
tout à l'industrie, par A. Migette (professeur à l'École
municipale de dessin de la Ville de Metz).

Metz, F. Blanc, 1864. Br. in-8 de 38 p.

693. Esquisses sur l'Ecole de Musique de Metz, suc-
cursale du Conservatoire de Paris, — par Mouzin,
professeur et directeur.

Metz, Blanc, 1858-1864 (Il a paru d'abord une première, puis
une deuxième esquisse hist. sur l'Ec. de Musique, par
M. Mouzin, la première comprend 24 p. in-8, la seconde
91 p. in-8).

---

* Voir à ce sujet : Rapport sur les procédés de peinture inventés par
M. Hussenot, par Adrien Lucy, receveur général.
(Mém. de l'Acad. de Metz, 1842-43. 2e partie, p. 244).

694. Statuts de la Société chorale l'Orphéon du Conservatoire de Metz.

Metz, F. Blanc, 1859. In-12 de 12 p.

695. Société de Ste Cécile. — Séances générales de Janvier 1864, de Janvier 1865 et d'Août 1871. — Statuts.

Metz, Mayer, 1871. In-8 de 40 p.

696. Société de Ste Cécile, Rapport du Secrétaire H. Périé.

Metz, Gangel et Didion, 1859. In-8 de 15 p.

697. Société de Ste Cécile. Mémoire historique par H. Périé.

Metz, Gangel et Didion, 1860. In-8 de 16 p. réuni à la broch. précédente.

698. Journal des Spectacles de Metz (ayant porté successiv[t]. différents titres tels que : *Le Furet indiscret. — L'Artiste messin. — Le Messin*).

Metz, Imp. J. Mayer, 1859-1870. 9 vol. in-fol.

699. L'Entracte. — Petit Journal d'Alsace-Lorraine (Novembre 1874 à Décembre 1875).

Metz, Imp. de la Gazette de Lorraine. — 2 vol. in-fol.

700. Prospectus du théâtre de Metz, pour les années 1849 ; 1862 - 1863 - 1864 - 1865 - 1866 - 1867 - 1868 -

1869 (Directions de MM. Lemonnier, Beauquesne, Marck, Polonus).

Metz Imp. divers, 1849-1869. 8 br. in-8.

Police du Spectacle. — Arrêté du Maire de la Ville de Metz, du 22 janvier 1823... signé *Turmel*.

Metz, Collignon, 1823. Br. in-4.

701. Théâtre de Metz. — Rapport fait au nom de la commission du théâtre — par Simon Favier.

Metz, F. Blanc, 1864. In-8 (On trouvera dans ce travail un véritable historique du théâtre de Metz, depuis son origine jusqu'à nos jours ; — il a aussi paru un historique du théâtre de Metz depuis un siècle, dans le *Courrier de la Moselle* du 4 Août 1864. C'est un extrait du travail de M. Simon Favier).

702. Théâtre de Metz : *Le Directeur au public*, par M. Alcan, Allocution prononcée par M. Beauquesne, directeur, à la réouverture du théâtre, le 21 septembre 1862.

Metz, Typ. de J. Mayer. In-8.

NOTE. — Dans le journal : *Affiches des Trois-Evêchés*, on trouvera aussi des pièces de vers relatives au théâtre de Metz, — Allocutions adressées au public, — par l'acteur *Crux*, qui séjourna longtemps à Metz, à la fin du siècle dernier et au commencement du XIXe.

A.-A. S.

TABLE DES MATIÈRES

Avis au Relieur.

*On devra enlever ces tables particulières à chaque fascicule, et ne
laisser qu'une table générale à la fin du volume.*

Metz, imp. de J. Verronnais.

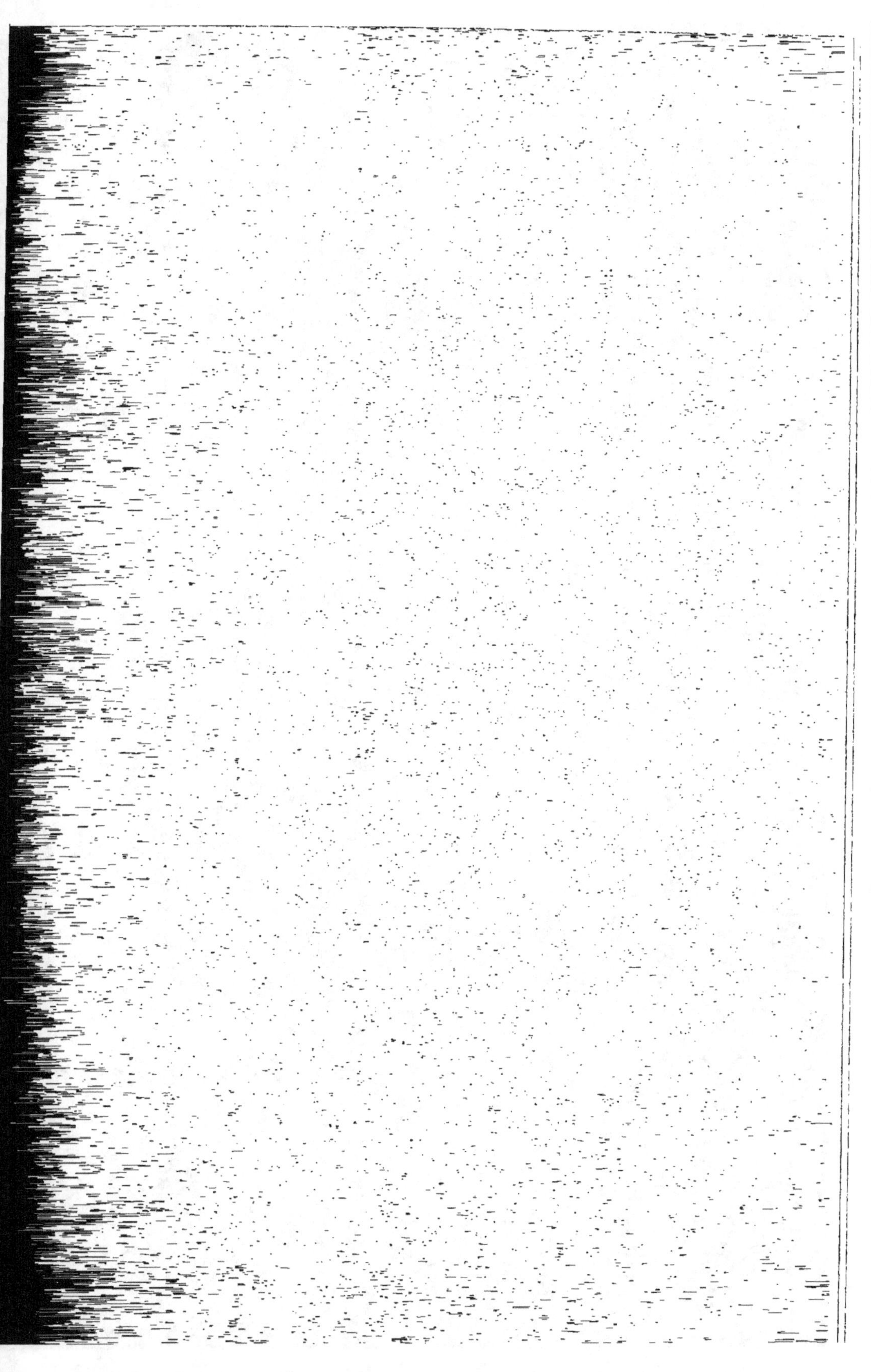